DAS ULTIMATIVE *Delfin* BUCH FÜR KIDS

JENNY KELLETT

Delfin-Bücher: Das Ultimative Delfin Buch für Kinder

www.bellanovabooks.com

PAPERBACK

ISBN: 978-619-264-039-2

Imprint: Bellanova Books

INHALT

EINLEITUNG

Es ist schwer, Delfine nicht zu lieben! Aber wie viel weißt du wirklich über dein Lieblingsmeerestier?

In diesem Buch erfährst du mehr als 100 erstaunliche Dinge über Delfine - vom Amazonas-Flussdelfin bis hin zu Killerwalen und Großen Tümmlern. Du wirst in kürzester Zeit ein Delfin-Experte sein.

Bist du bereit? **Los geht's!**

DELFIN ARTEN

Delfine gibt es in allen Formen und Größen. Tatsächlich gibt es über 40 verschiedene Arten.

Es gibt vier lebende Delfinfamilien, in denen diese verschiedenen Arten leben:

- **Delphinidae (Ozeanische Delfine),**
- **Platanistidae (Indische Flussdelfine),**
- **Iniidae (Amazonas-Flussdelfine), und**
- **Pontoporiidae (La-Plata-Delfin).**

Schauen wir uns die Unterschiede zwischen ihnen genauer an.

OZEANISCHE DELFINE

Ozeanische Delfine sind eine vielfältige Gruppe von Delfinen, die in offenen Ozeanen und Tiefseegebieten leben. Sie sind sehr gesellige Tiere und bewegen sich oft in Gruppen, den sogenannten Delfin-Schulen. Zu den häufigsten Delfinarten gehören der Kurzflossen-Grindwal, der Ostpazifische Delfin (auch als Spinnerdelfin bekannt), der Große Tümmler und der Gemeine Delfin (Delphinus delphis).

Ozeanische Delfine variieren stark in ihrer Größe. Der kleinste Delfin in dieser Familie ist der Maui-Delfin mit einer Länge von 1,7 m und einem Gewicht von 50 kg. Der größte bekannte Delfin, der Orca, der bis zu 9,4 m lang und bis zu 10 Tonnen schwer werden kann, gehört ebenfalls zur Familie der ozeanischen Delfine.

Vier Orcas, gesehen in Kalifornien.

Diese Arten haben eine stromlinienförmige Körperform, die es ihnen ermöglicht, mit hoher Geschwindigkeit zu schwimmen und sich mühelos durch das Wasser zu manövrieren. Sie sind auch ausgezeichnete Taucher und können mehrere Minuten am Stück die Luft anhalten.

Ostpazifische Delfine
in Hawaii.

Obwohl Ozeandelfine fast überall auf der Welt zu finden sind, leben die meisten Arten lieber in wärmeren Gewässern rund um die Tropen. Einige, wie der Glattdelfin, bevorzugen jedoch kältere Klimazonen.

Ozeanische Delfine sind für ihre Intelligenz und ihr spielerisches Verhalten bekannt, zu dem auch das Springen und Klatschen auf die Wasseroberfläche gehört.

Sie nutzen eine Vielzahl von Lautäußerungen, Körpersprache und Echoortung, um miteinander zu kommunizieren und sich in ihrer Umgebung zurechtzufinden. Sie sind außerdem opportunistische Jäger, die sich von einer Vielzahl von Beutetieren wie Fischen, Tintenfischen und Krustentieren ernähren.

FLUSSDELFINE

Flussdelfine sind in Süßwasserflüssen und Deltas in Asien, Südamerika und einigen Teilen Afrikas zu finden. Sie unterscheiden sich in vielerlei Hinsicht von ihren ozeanischen Cousins, einschließlich ihres Aussehens und Verhaltens.

Es gibt drei verschiedene lebende Familien von Flussdelfinen. Eine vierte Familie von Flussdelfinen, der Jangtse-Flussdelfin (Lipotidae), ist vor kurzem ausgerottet worden. Lass uns genauer hinschauen!

Ein Amazonas-Flussdelfin.

Bild: Jorge Andrade

INDISCHE FLUSSDELFINE

Indische Flussdelfine sind eine Art von Flussdelfinen, die in den Flüssen des indischen Subkontinents vorkommen. Zu dieser Familie gehören zwei Delfine: der Ganges-Flussdelfin und der Indus-Flussdelfin. Diese Delfine sind leicht an ihren langen, dünnen Schnäbeln und stämmigen Körpern zu erkennen. Außerdem haben sie besondere Anpassungen an das Süßwasser und können auch in trübem Wasser gut sehen.

Der Indische Flussdelfin lebt oft in Gruppen von bis zu 10 Tieren. Sie sind ein wichtiger Teil des Flussökosystems und spielen eine entscheidende Rolle bei der Aufrechterhaltung des Gleichgewichts der Nahrungskette.

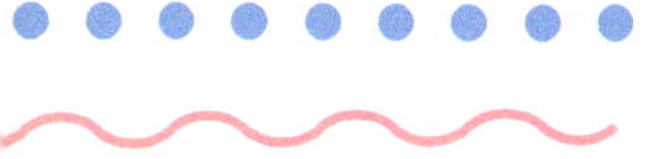

Ein Ganges-Flussdelfin. © Gregoire Dubois

Leider sind indische Flussdelfine zahlreichen Bedrohungen ausgesetzt, darunter Lebensraumverlust und Trennung durch Dammbau und andere menschliche Aktivitäten. Auch Wasserverschmutzung und der Einsatz von Netzen und anderen Fanggeräten bedrohen diese Delfine.

AMAZONAS-FLUSS-DELFINE (INIIDAE)

Die Familie der Iniidae (Gattung Inia) umfasst drei Arten von Süßwasserdelfinen, die in Südamerika vorkommen: der **Amazonasdelfin**, der **Araguaia-Delfin** und der **Bolivianische Amazonasdelfin**.

Der Amazonasdelfin, auch **Boto** genannt, ist die größte Art der Süßwasserdelfine. Er kommt im Amazonasbecken vor und ist gut an das Leben in den trüben, langsam fließenden Gewässern des Flusses angepasst. Der Boto hat eine lange, schmale Schnauze und einen flexiblen

Amazonas-Flussdelfine. © Kevin Schafer

Hals, der es ihm ermöglicht, sich auf engstem Raum zu bewegen und Beute zu fangen. Er ist auch für seine rosa Farbe bekannt, die durch Blutgefäße nahe der Hautoberfläche verursacht wird.

Der **Araguaia-Delfin** ist eine Schwesterart des Amazonasdelfins. Er besitzt einen breiteren Schäden und Oberkiefer. Im Unterkiefer hat er weniger Zähne. Diese im Nordöstlichen Brasilien vorkommende Flussdelfinart wurde im Januar 2014 neu beschrieben.

Bolivianische Amazonasdelfine wurden 2008 durch Untersuchungen als eigenständige Art bestätigt und ist somit keine Unterat des Amazonasdelfins mehr. Er kommt nur im nördlichen Boliviens, südwestlichen Brasiliens und dem Oberlauf des Rio Madeira vor.

Frühe Zeichnungen von Flussdelfinen. Die ersten beiden sind Tucuxi-Delfine, der dritte ein Amazonasdelfin. >

1. DELPHINUS PALLIDUS.   2. DELPHINUS FLUVIATILIS.
3. INIA GEOFFRENSIS.

Alle Arten der Iniidae-Delfine sind sehr gesellig und werden oft in Gruppen gesehen. Leider gelten beide Arten aufgrund menschlicher Aktivitäten wie Lebensraumzerstörung, Umweltverschmutzung und versehentlichem Fang in Fischernetzen als bedroht.

Zusätzlich gibt es noch den Amazonas-Sotalia (auch Tucuxi genannt).

Aufgrund seines Names könnte man denken, der Amazonas-Sotalia gehört zu den Amazonas-Flussdelfinen, doch tatsächlich gehört er zu der Familie der echten Delfine (Delphinidae). Er ist im nördlichen Südamerika, im Amazonas und seinen großen Nebenflüssen beheimatet.

Er ist eine kleinere Art, die in den Küstengewässern und Flussmündungen Südamerikas vorkommt. Er besetzt einen stromlinienförmigeren Körper als der Boto und ist enger mit den Meeresdelfinen verwandt. Der Tucuxi ist ein schneller Schwimmer und ernährt sich von einer Vielzahl von Beutetieren, darunter Fische, Tintenfische und Krabben.

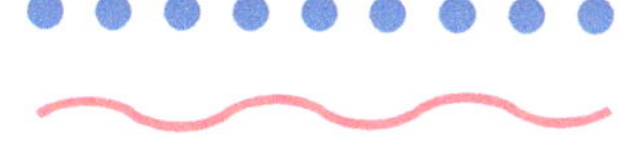

La-Plata-Delfin (Pontoporiidae)

Die Familie der **Pontoporiidae** umfasst nur eine einzige Delfinart, den La-Plata-Delfin, auch Franciscana genannt. Diese Art kommt an den Küsten Südamerikas vor, insbesondere in den Mündungen des Rios de la Plata in Argentinien und Uruguay.

Der La-Plata-Delfin ist eine kleine Art, die ausgewachsen etwa 1,5 Meter lang und rund 50 Kilogramm schwer wird. Er hat ein charakteristisches Aussehen mit einer schmalen Schnauze und einem langen,

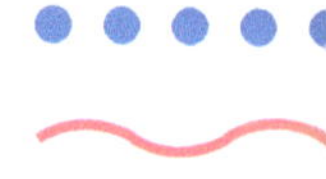

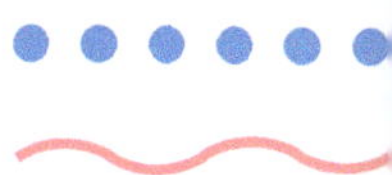

Miguel Iniguez/WDC.

dünnen Schnabel. Der La-Plata-Delfin hat eine dunkelgraue bis braune Rückenseite und einen helleren Bauch. Wegen des hellgrauen Streifens, der vom Auge bis zu den Brustflossen verläuft, wird er manchmal auch als "Stinktier-Delfin" bezeichnet.

Leider gilt der La-Plata-Delfin als vom **Aussterben bedroht** und ist damit die am stärksten gefährdete Art von Flussdelfinen.

DELFINE VS. SCHWEINSWALE

Delfine und Schweinswale (auch Tümmler genannt) gehören beide zur Familie der Zahnwale, zu der auch die Wale gehören. Das sind jedoch unterschiedliche Arten, die sich in vielen körperlichen Merkmalen und Verhaltensweisen unterscheiden.

Einer der Hauptunterschiede zwischen Delfinen und Schweinswalen ist ihr Aussehen. Delfine besitzen in der Regel eine stärker gebogene Rückenflosse, während Schweinswale eine eher dreieckige Rückenflosse haben. Delfine erkennt man auch ihrer längeren Schnauze, wobei Tümmler eine rundere Schnauze haben.

Jangtse-Tümmler.

Ein weiterer Unterschied ist die Anzahl der Zähne. Schweinswale haben spatenförmige Zähne, während Delfine kegelförmige Zähne haben.

Ein ozeanischer Delfin
in Eilat, Israel.

Delfine sind im Allgemeinen größer und geselliger als Schweinswale, und sie sind für ihre akrobatischen Darbietungen und ihr spielerisches Verhalten bekannt. Schweinswale hingegen sind eher Einzelgänger und weniger lautstark als Delfine.

Zusätzlich sind Delfine im gesamten Ozean und in einigen Flüssen zu finden, während Schweinswale fast ausschließlich in den kalten Gewässern der Arktis und des Nordpazifiks vorkommen.

Schweinswale sind weniger erforscht als Delfine und werden seltener in Gefangenschaft gehalten, sodass wir weniger über ihr Verhalten und ihre Biologie wissen.

DELFIN FAKTEN

Delfine trinken nicht - das Meerwasser ist zu salzig für sie. Das meiste Wasser stammt aus ihrer Nahrung, wie Fische und Tintenfische.

• • •

Delfine können nicht riechen. Ihre Nasenlöcher sind zum Atmen da, nicht zum Riechen.

Delfine schlafen mit einem offenen Auge.
Sie ruhen jeweils nur eine Hälfte ihres
Gehirns aus, damit sie ständig nach
Raubtieren Ausschau halten können und
auch, um Luft zu holen.

Delfine 'sehen' mit Geräuschen. Sie verwenden Schallwellen, die an Objekten abprallen, um deren Größe, Richtung, Geschwindigkeit und Entfernung zu bestimmen.

· · ·

Delfine können einen Fischschwarm auf über hundert Meter entfernt entdecken.

· · ·

Delfine atmen nicht unbewusst. Anders als Menschen müssen sie über das Atmen nachdenken.

Delfinweibchen können erkennen, ob ein anderer Delfin schwanger ist. Sie helfen sich oft gegenseitig und bieten einander Schutz.

Delfine haben sich aus Landtieren
entwickelt. Vor etwa 50 Millionen Jahren
ähnelten die ersten Vorfahren von Delfinen
Wölfen und jagten in seichten Gewässern.

...

Delfine, so wie wir sie kennen, gibt es
schon seit vier bis fünf Millionen Jahren.

...

Delfine können das Luftvolumen in
ihren Lungen bei jedem Atemzug zu 90
Prozent erneuern. Der Mensch kann bei
jedem Atemzug nur 15-20 Prozent wieder
erneuern.

Die optimale Schwimmgeschwindigkeit für Delfine liegt bei etwa 8 km/h.

. . .

Einige Delfinarten, wie der gewöhnliche Delfin, können bis zu 65 km/h schnell schwimmen.

. . .

Delfine machen keine Geräusche mit ihrem Mund. Alles Quietschen und weitere Laute kommen aus ihren Blaslöchern.

. . .

Im Gegensatz zu vielen Wildtieren sind Delfine sehr zutraulich im Kontakt mit Menschen, insbesondere mit Kindern.

Ein Hector-Delfin in
Neuseeland.

Delfine können Haie töten, indem sie sie
mit ihren Schnäbeln rammen.

Delfine können Tränen produzieren.
Die Tränen helfen, ihre Augen vor
Fremdkörpern und Infektionen zu
schützen.

Delfine bewegen ihre Schwänze auf und
ab. Das ist ein großer Unterschied zu den
meisten Fischen, die ihre Schwänze von
einer Seite zur anderen bewegen.

Delfine haben einen Geschmackssinn. Obwohl sie nicht riechen können, können sie zwischen süß, sauer, bitter und salzig unterscheiden.

• • •

Delfine atmen durch ihre Blaslöcher. Ihre Blaslöcher haben sich aus Nasen entwickelt, die an der Oberseite des Kopfes ist. Aus ihren Blaslöchern kann Luft mit einer Geschwindigkeit von bis zu 160 km/h ausgestoßen werden.

• • •

Wie alle Säugetiere haben Delfine bei der Geburt Haare am Körper. Diese fallen aber innerhalb von zwei Wochen aus.

Eine Gruppe wilder Orcas
in Norwegen.

Eine Gruppe Delfine in
den Bahamas.

Große Tümmler leben überall auf der Welt. Sie können sowohl in den warmen Gewässern des Pazifischen Ozeans als auch im kühleren Atlantik leben.

• • •

Delfine geben sich selbst Namen! Sie haben ihre eigenen, charakteristischen Laute und verwenden eine Vielzahl von Tönen, um miteinander zu sprechen. Einige Arten verwenden ihre eigenen Pfeiftöne, um sich für andere Delfine zu identifizieren.

Delfine sind sehr sozial. Sie bilden gerne Gruppen oder Familienverbände (den sogenannten Schulen), von bis zu 12 Delfinen. Sie paaren sich, jagen und beschützen sich gegenseitig.

* * *

Delfine werden im Durchschnitt etwa 25 Jahre alt. Einige Delfine konnten jedoch bis zu 50 Jahre alt werden.

* * *

Menschen sind die größte Gefahr für Delfine. Sie bleiben oft in Fischernetzen hängen und können durch verschmutzte Umwelt Schaden nehmen.

Ein Tümmler aus dem
Indopazifik.

Amazonas-
Flussdelfine.

Delfinschulen können Hunderte oder
sogar Tausende von Delfinen umfassen
und entstehen aus sozialen Gründen oder
um Nahrung zu finden. Die Bildung einer
Gruppe von über 100 Tieren ist aber nur
vorübergehen. Sie teilen sich wieder und
kehren zu ihren kleineren Schulen zurück.

...

Delfine orientieren sich am Magnetfeld
der Erde. Sie haben spezialisierte Zellen
in ihrem Gehirn, die sogenannten
Magnetrezeptoren, mit denen sie
Veränderungen des Magnetfelds erkennen
können. Diese Fähigkeit hilft ihnen,
ihren Weg durch den riesigen und oft
strukturlosen Ozean zu finden und
Nahrung zu finden.

Die Tötung eines Delfins wurde im antiken Griechenland mit dem Tod bestraft. Die Griechen nannten Delfine hieros ichthys, was "heiliger Fisch" bedeutet.

• • •

Niemand weiß genau, warum Delfine, während sie lange Wege zurücklegen, aus dem Wasser springen. Einige Wissenschaftler vermuten, dass sie damit Energie sparen wollen, da sie in der Luft weniger Energie verbrauchen als im Wasser.

• • •

Delfine haben nur einen natürlichen Feind - große Haie.

Delfine in
Südafrika.

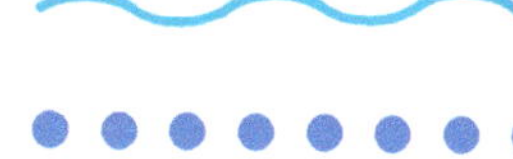

Delfine stehen an der Spitze der Nahrungskette. Sie haben nur wenige Raubtiere und helfen, die Fisch- und Tintenfischpopulationen im Meer zu kontrollieren.

• • •

Es gibt viele Geschichten, in denen Delfine das Leben von Menschen gerettet haben. Beispiele dafür sind Delfine, die Menschen umgeben und vor Haiangriffen schützen, sie in Sicherheit bringen oder andere auf die Anwesenheit von Haien aufmerksam gemacht haben. Viele Leute glauben, dass Delfine Einfühlungsvermögen besitzen, weil sie so handeln.

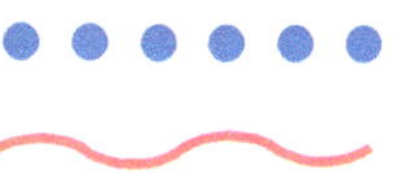

Delfine müssen alle 2-3 Minuten atmen. Sie schwimmen oft zur Oberfläche, um Luft zu holen, aber sie können bis zu 15 Minuten unter Wasser bleiben.

• • •

Manche Delfine benutzen Meeresschwämme, um damit den Meeresboden aufzuwühlen. Das hilft ihnen nicht nur ihre Schnauze zu schonen, sondern es sorgt auch für anderes Futter, weil es andere Tiere aufscheucht.

• • •

Delfine können an Stress sterben.

Delfinkälber (so werden Baby-Delfine genannt) wiegen bei der Geburt je nach Art etwa 15 bis 30 kg. In ihrem ersten Jahr können sie auf das Siebenfache dieses Gewichts heranwachsen.

. . .

Große Tümmler können Geräusche zur Jagd nutzen. Sie können Töne erzeugen, die mehr als 230 Dezibel laut sind; diese Töne können Fische sogar betäuben oder lähmen. Im Vergleich dazu ist ein Gewitterdonner mit ca. 120 Dezibel nur halb so laut.

Delfine haben eine dicke Fettschicht, den sogenannten Blubber. Dieses Fett hält sie auch in kaltem Wasser warm.

. . .

Delfine können auch in Flüssen leben. Es gibt vier Arten von Flussdelfinen, die an Orten wie dem Amazonas, dem Ganges und dem Jangtse leben.

. . .

Flussdelfine können ihren Kopf um 180 Grad drehen, was mehr ist als bei den Meeresbewohnern.

Ein chilenischer Delfin.

© Francisco Castro Carmona

Ein pantropischer Fleckendelfin.

Chilenische Delfine (auch Weißbauchdelfin genannt) sind schwarz und besitzen einen weißen Bauch. Der Chilenische Delfin ist ein kleiner Delfin, der nur an der Küste Südamerikas vor Chile bis zum Kap Horn lebt. Sie sind eine gefährdete Art.

• • •

Amazonas-Delfine sind rosa.

• • •

Es wurde berichtet, dass Delfine Fischern helfen, Fische zu finden und sie zu ihren Booten führen.

Ein Großer Tümmler ist durchschnittlich 2,6 Meter lang und wiegt zwischen 200 und 300 kg.

Manche Delfine können bis zu 60 Wörter
und Befehle verstehen.

...

Die Flosse an der Spitze des Delfinkörpers
wird als Rückenflosse bezeichnet. Die
Rückenflosse hilft Delfinen, sich zu
orientieren und hält sie gerade im Wasser.

...

Die Haut von Delfinen ist mit Mikrofalten
bedeckt, die den Wasserfluss beim
Schwimmen lenken.

...

Der Ganges-Delfin ist blind.

Ein erwachsener Delfin frisst zwischen 4 und 9 % seines Körpergewichts an Fisch pro Tag. Das sind durchschnittlich 10-22,5 kg Fisch jeden Tag!

...

Die meisten Delfine tauchen nicht sehr tief, aber Tuffy, ein Großer Tümmler, der von der US-Marine ausgebildet wurde, konnte 300 Meter tief tauchen.

...

Für Ozeandelfine ist es schwierig, im Süßwasser zu schwimmen. Sie sind viel schneller erschöpft und beginnen letztendlich, ihre Haut zu verlieren.

Ein großer Tümmler.

Die Trächtigkeitsdauer (die Zeit, in der die
Weibchen schwanger/trächtig sind) liegt
bei Delfinen je nach Art zwischen 9 und 17
Monaten.

· · ·

Delfine sind sehr verspielt - man kann sie
beim Spielen mit Seetang und mit ihren
Freunden beobachten.

· · ·

Delfinmütter stecken Meeresschwämme
auf die Schnauze ihrer Kälber, um sie zu
schützen.

Delfine bringen normalerweise ein Kalb zur Welt - Zwillinge sind sehr selten.

· · ·

Delfine können bis zu 6 m hoch aus dem Wasser springen.

· · ·

Delfine kümmern sich um andere Delfine, die krank oder verletzt sind. Dazu gehört, sie zum Atmen an die Oberfläche zu begleiten, sie vor Raubtieren zu schützen und ihnen bei der Nahrungssuche zu helfen. Es wird angenommen, dass diese Verhaltensweisen den Zusammenhalt innerhalb der Gruppe stärken und ihre Überlebenschancen erhöhen.

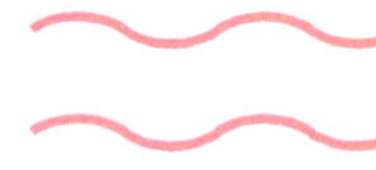

Der "Killerwal", auch bekannt als Orca, ist eigentlich ein Delfin.

• • •

Es gibt 33 Arten von Meeresdelfinen, vier Arten von Flussdelfinen und sechs Arten von Schweinswalen.

• • •

Die kleinste Delfinart ist der vom Aussterben bedrohte Maui-Delfin.

• • •

Die größte Delfinart ist der Orca, der bis zu 8 Meter lang werden kann.

Junge Delfine bleiben zwei bis drei Jahre lang bei ihren Müttern.

...

Delfine haben zwei Mägen: Der eine speichert die Nahrung, der andere verdaut sie.

...

Delfine können sehr gut im Wasser sehen, weil ihre Augen gekrümmt sind.

...

Delfine haben zwischen acht und 250 Zähne im Maul, auch wenn sie ihre Nahrung nicht kauen.

Delfine in den Azoren,
Portugal.

Das Gehirn eines Delfins ist im Vergleich
zur Körpergröße das zweitgrößte aller
Lebewesen. Der Mensch steht an erster
Stelle.

...

Delfine können besser hören als Menschen.
Ihr Hörbereich reicht von etwa 20 Hz
bis 150 kHz, während der menschliche
Hörbereich 20 Hz bis 20 kHz beträgt.

...

Wissenschaftler glauben, dass Delfine
farbenblind sind - sie können nur in
Grautönen sehen.

Die Schwanzflosse des Delfins wird auch
Fluke genannt.

...

Delfine füttern/säugen ihre Kälber mit
Milch, genau wie Menschen.

...

Delfine können nicht unter Wasser atmen.
Sie müssen an die Oberfläche kommen, um
Luft zu holen.

...

Delfine bringen lebende Junge zur Welt; sie
legen keine Eier.

Delfine sind Warmblüter. Warmblüter
sind Tiere, die eine gleichbleibende
Körpertemperatur aufrechterhalten können,
unabhängig von der Temperatur ihrer
Umgebung.

• • •

Ein weiblicher Delfin wird Kuh genannt. Ein
männlicher Delfin wird Bulle genannt.

• • •

Delfine werden wissenschaftlich als
"Meeressäugetiere" bezeichnet.

„Flipper", der berühmte Filmdelfin,
war ein Großer Tümmler. Ein weiterer
bekannter Film Delfin war der Orca "Willy"
aus *Free Willy*.

• • •

Wenn Delfine unter Wasser sind,
entspannen sie die Muskeln um ihre Nase
(Blasloch genannt) herum, um Wasser
fernzuhalten.

• • •

Ein ausgewachsener Delfin bringt alle zwei
bis drei Jahre Kinder zur Welt. In der Regel
haben sie während ihres Lebens etwa acht
Geburten.

Delfine haben eine durchschnittliche Körpertemperatur von 37°.

. . .

Delfine häuten sich regelmäßig, um die ihre Haut von Parasiten und Algen zu befreien.

. . .

Delfine haben keine Kiefermuskeln, weshalb sie ihre Nahrung nicht kauen können.

. . .

Der Narwal-Delfin hat einen großen Stoßzahn aus Elfenbein, ähnlich dem eines Einhorns.

Delfine haben Augen auf beiden Seiten des Kopfes, das heißt, sie haben einen Sichtbereich von 300° und können sogar hinter sich sehen.

• • •

Schon ein Teelöffel Wasser in der Lunge eines Delfins reicht aus, um ihn zu ertränken. Der Mensch kann schon ab zwei Teelöffeln Wasser in der Lunge ertrinken.

• • •

Das Sonar der Delfine kann die feinen Linien von Fischernetzen nicht erkennen, weshalb sich so viele von ihnen darin verfangen.

Delfine können bei schlechten Lichtverhältnissen gut sehen, da sie ähnlich wie Katzen eine große Anzahl von Stäbchenzellen in ihren Augen haben. Diese Anpassung ermöglicht es ihnen, nachts effektiv zu jagen. Allerdings sehen sowohl Delfine als auch Katzen bei Tageslicht besser als in der Nacht.

Delfine können schwere Unfälle haben und weitermachen, als wäre nichts geschehen. Einige Wissenschaftler glauben, dass sie ein natürliches Schmerzmittel freisetzen, wenn sie verletzt sind.

Delfine bekommen keine Infektionen, wenn sie verwundet sind.

. . .

Delfine haben die Fähigkeit, zu denken und Entscheidungen auf der Grundlage früherer Erfahrungen zu treffen.

. . .

Die Haut von Delfinen ist 10-20 Mal dicker als die aller Landsäugetiere.

. . .

Wenn ein Delfinkalb geboren wird, führt es seine Mutter an die Oberfläche, damit es seinen ersten Atemzug nehmen kann.

Delfine fressen die meisten Fische
und Meeresfrüchte, bevorzugen aber
Tintenfisch, Makrele und Fisch. Es ist auch
bekannt, dass sie Krustentiere fressen.

Der Name „Delfin" stammt von dem altgriechischen Wort *delphys*, was "Gebärmutter" bedeutet. Es beschreibt "das Tier, das lebende Junge bekommt".

. . .

Die Marine setzt Delfine ein, um Bomben unter Wasser aufzuspüren.

. . .

Delfine können sich selbst in einem Spiegel erkennen.

. . .

Delfine können mit Walen kommunizieren.

Mehrere Delfinarten sind vom Aussterben
bedroht. Die Maui-Delfine gehören zu den
am stärksten vom Aussterben bedrohten
Arten. Man geht davon aus, dass es in
freier Wildbahn nur noch weniger als 100
Exemplare gibt.

DELFINE
ERHALTUNG

Delfine sind wunderschöne Geschöpfe, aber leider sind viele Delfinarten durch menschliche Aktivitäten wie Verschmutzung, Überfischung und versehentliches Fangen in Netzen oder Angelschnüren bedroht. Auch der Klimawandel und die Zerstörung von Lebensräumen tragen zum Aussterben einiger Arten bei. Der Maui-Delfin, der Ganges-Delfin und der Indus-Delfin gehören zu den am stärksten gefährdeten Delfinarten.

Zum Glück gibt es viele Menschen, denen Delfine sehr am Herzen liegen und die sich für ihren Schutz einsetzen. Einige der Organisationen, die sich für Delfine einsetzen, sind Whale and Dolphin Conservation, Dolphin Project und der WWF.

Aber du musst kein Wissenschaftler sein, um Delfinen zu helfen. Es gibt viele Möglichkeiten, wie du zum Schutz ihrer Lebensräume beitragen kannst, egal wo du lebst. Die Vermeidung von Umweltverschmutzung, die Verringerung des Plastikverbrauchs und das Recycling tragen zum Schutz der Ozeane und Flüsse bei, in denen Delfine leben.

Wie kannst DU helfen?

Hier sind einige weitere Möglichkeiten, wie du Delfinen helfen kannst:

- Erfahre mehr über Delfine und ihre Lebensräume. Informiere dich über die verschiedenen Delfinarten und die Bedrohungen, denen sie ausgesetzt sind. Teile das Gelernte mit deinen Freunden und deiner Familie.

- Reduziere den Plastikverbrauch. Die Plastikverschmutzung ist eine große Gefahr für Delfine und andere Meeresbewohner. Ermutige deine Familie, wiederverwendbare Taschen, Wasserflaschen und Behälter zu benutzen und den Müll ordnungsgemäß zu entsorgen.

- Unterstütze Naturschutzorganisationen. Du kannst Organisationen unterstützen, die sich für den Schutz der Delfine und ihrer Lebensräume einsetzen.

- Verbreite die Nachricht. Bitte deine Familie und Freunde anstelle von Geschenken an deinem Geburtstag und an Feiertagen um Spenden für deine Lieblings-Delfinorganisation.

- Strandsäuberungen. Wenn du in der Nähe des Ozeans lebst, kannst du an Strandsäuberungsaktionen in deiner Gemeinde teilnehmen, um unsere Ozeane sauber zu halten.
- Unterstütze die nachhaltige Fischerei. Achte auf die Kennzeichnung von Fischprodukten, um sicherzustellen, dass sie delfinfreundlich sind.
- Schreibe einen Brief oder eine Petition. Du kannst Briefe an deine lokalen Vertreter schreiben oder sogar Petitionen verfassen, um dich für den Schutz von Delfinen und ihren Lebensräumen einzusetzen.
- Beteilige dich an lokalen Naturschutzprojekten. Erkundige dich in deiner Schule oder Gemeinde, ob es dort Naturschutzprojekte oder Möglichkeiten für Freiwilligenarbeit gibt, an denen du dich beteiligen kannst.

DELFIN *Quiz*

Teste jetzt dein Wissen in unserem Delphin-Quiz! Die Antworten findest du auf Seite 91.

1 Warum sind Netze so gefährlich für Delfine?

2 Welche Delfinart hat einen großen Stoßzahn aus Elfenbein?

3 Delfine legen Eier. Richtig oder falsch?

4 Sind Delfine warmblütig oder kaltblütig?

5 Wie wird ein männlicher Delfin genannt?

6 Wie wird der Schwanz eines Delfins genannt?

7 Wie viele Mägen hat ein Delfin?

8 Welches ist die kleinste Delfinart?

9 Wie viele Arten von lebenden Flussdelfinen gibt es?

10 Wie nennt man einen Baby-Delfin?

11 Welche Farbe hat der Chilenische Delfin?

19 Wie viele Arten von Delfinen gibt
es?

20 Wo leben die La-Plata-Delfine?

ANTWORTEN

1. Das Sonar der Delfine kann sie nicht erkennen, also bleiben sie in ihnen gefangen.

2. Der Narwal-Delfin.

3. Falsch.

4. Warmblütig.

5. Ein Bulle.

6. Fluke.

7. Zwei.

8. Maui-Delfin.

9. Drei.

10. Ein Kalb.

11. Schwarz mit einem weißen Bauch.

12. Blubber.

13. Ungefähr 15-30 kg.

14. Alle 2-3 Minuten.

15. 25 Jahre.

16. Der Amazonas-Delfin.

17. Eine Schule.

18. Der Orca oder auch Schwertwal genannt.

19. Über 40.

20. Vor der Küste von Südamerika.

DELFINE

WORTSUCHE

D	F	P	J	H	F	S	D	Ü	V	C	X
V	L	L	R	Ö	J	H	G	D	S	D	Ä
C	I	B	O	H	G	F	S	O	N	A	R
Ö	P	V	Ä	S	Q	W	D	Z	B	V	C
I	P	C	Ü	Z	S	I	U	E	E	Ö	T
U	E	X	W	C	N	E	Ä	A	D	A	Ü
Y	R	E	D	E	L	F	I	N	T	R	M
Ä	W	K	I	L	L	E	R	W	A	L	M
B	D	C	Ö	N	B	V	C	K	Z	X	L
A	M	A	Z	O	N	A	S	E	A	C	E
M	M	X	X	Ä	Q	D	F	H	K	L	R
N	Ü	W	E	R	H	Ö	B	V	C	Ä	B

Kannst du alle Wörter in dem Wortsuchrätsel auf der linken Seite finden?

DELFIN	OZEAN	FLIPPER
FLOSSE	KALB	KILLERWAL
AMAZONAS	SONAR	TÜMMLER

LÖSUNG

	F										
	L	L									
	I		O				S	O	N	A	R
	P			S				Z			
	P				S			E			T
	E					E		A			Ü
	R		D	E	L	F	I	N			M
		K	I	L	L	E	R	W	A	L	M
								K			L
A	M	A	Z	O	N	A	S		A		E
										L	R
											B

QUELLEN

"Dolphin Facts And Information - Whale And Dolphin Conservation". 2023. Whale & Dolphin Conservation UK. https://uk.whales.org/whales-dolphins/facts-about-dolphins.

"Facts - Adopt A Dolphin". 2023. Adopt A Dolphin. https://www.adoptadolphin.org.uk/facts.

"Dolphin | Facts & Pictures". 2023. Encyclopedia Britannica. https://www.britannica.com/animal/dolphin-mammal.

"River Dolphin - Wikipedia". 2023. En.Wikipedia.Org. https://en.wikipedia.org/wiki/River_dolphin.

"Freshwater Dolphin Species And Facts". 2023. World Wildlife Fund. https://www.worldwildlife.org/stories/freshwater-dolphin-species-and-facts.

"Ganges River Dolphin | Freshwater Dolphin | Species | WWF". 2023. World Wildlife Fund. https://www.worldwildlife.org/species/ganges-river-dolphin.

"Amazon River Dolphin - Wikipedia". 2023. En.Wikipedia.Org. https://en.wikipedia.org/wiki/Amazon_river_dolphin.

"Whales &Amp; Coastal Dolphins - WCS.Org". 2023. Wcs.Org. https://www.wcs.org/our-work/wildlife/whales-coastal-dolphins.

"Facts About Hector's And Māui Dolphin". 2023. Doc.Govt.Nz. https://www.doc.govt.nz/nature/native-animals/marine-mammals/dolphins/maui-dolphin/facts/.

"How Many Species Of Dolphins Are There?".
2023. Whale & Dolphin Conservation UK.
https://uk.whales.org/whales-dolphins/how-
many-species-of-dolphins-are-there/.

"9 Mind-Boggling Dolphin Facts". 2023. Tree-
hugger. https://www.treehugger.com/mind-
boggling-dolphin-facts-4863589.

"Common Bottlenose Dolphin - Wikipedia".
2023. En.Wikipedia.Org. https://en.wikipedia.
org/wiki/Common_bottlenose_dolphin.

"Gewöhnlicher großer Tümmler" 2023.
https://de.whales.org/wale-delfine/artenfueh-
rer/gewoehnlicher-grosser-tuemmler/.

Wir hoffen, du hast ein paar
tolle Fakten über
Delfine gelernt!

Welcher war dein Favorit?

Wir würden uns freuen, wenn du
uns eine **Bewertung** hinterlässt!

Sie bringen uns immer zum
Lächeln, aber was noch
wichtiger ist, sie helfen
anderen Lesern, bessere
Kaufentscheidungen
zu treffen.

AUCH VON JENNY KELLETT

... und viele mehr!

Erhältlich in allen bekannten online Buchhandlungen.